AF257424

SOCIÉTÉ
DES AMIS DE LA CONSTITUTION,
SÉANTE AUX JACOBINS, A PARIS.

DISCOURS

DE M. BILLAUD-VARENNE,

SUR LA NÉCESSITÉ D'UN CAMP DE CITOYENS DANS LES MURS DE PARIS ;

Prononcé à la séance du 3 août 1792, l'an 4 de la liberté.

MESSIEURS,

SANS doute ce seroit plutôt le moment d'agir que de haranguer ; mais quand tous les moyens d'exécution sont encore entre les mains de nos

A

plus cruels ennemis ; quand la masse des forces de l'empire se trouve à leur entière disposition ; quand enfin, pour triompher, nous avons autant de mesures politiques à prendre que de coups à frapper, notre tâche est d'être à la fois au camp et dans les tribunes, et d'imiter ces grands hommes de la Grèce et de Rome, les Démosthène et les Scipion, qui partagèrent leur existence entre le soin d'éclairer le peuple et l'honneur de le conduire à la victoire. Oui, nous y marcherons aussi, en dépit des tyrans ! Et jamais peut-être la cause de la liberté ne se présenta sous un aspect plus favorable. Mais n'oubliez pas que c'est à Paris à donner l'exemple. Cette ville a eu la gloire de communiquer la première impulsion de la liberté à toute la France ; il faut qu'elle achève son ouvrage, en lui imprimant aujourd'hui le mouvement qui doit completter la révolution.

Déjà les progrès et l'énergie de l'esprit public s'élèvent au-dessus de tous les ressorts de l'intrigue et de tous les appas de la séduction ; déjà la voix puissante de la capitale appelle les 83 départemens, pour demander ensemble une convention nationale et la déchéance d'un roi cent fois parjure à ses sermens, et indigne, sous tous les rapports, de commander à des hommes libres. Mais, messieurs, il ne suffit pas de concevoir par quelle voie on peut arriver au terme heureux de tous nos efforts et de tous nos sacrifices ; il ne suffit pas de vouloir rompre les liens politiques dont l'intrigue et la trahison nous ont entravés ; il ne suffit pas d'être décidés à briser l'idole du despotisme, érigée par le machiavélisme sur l'autel de la loi ; il faut assurer l'exécution de ce grand projet par des mesures d'un succès indubitable. Nous pouvons tout avec la prévoyance et les précautions nécessaires; mais si nous marchons toujours sans un plan arrêté; si nous sentons mieux ce qu'il y a à faire que nous ne savons l'exécuter, n'en doutez pas, nous échouerons encore; car plus nous sommes près du but, plus nos ennemis vont faire d'efforts pour nous empêcher de l'atteindre : et ce seroit se plonger dans une étrange illusion, que de ne pas voir que, si nous sommes forts de notre courage et de la ferme résolution de vaincre ou de mourir, nos ennemis, qui sont déjà en corps d'armée, qui ont pour eux un plan profondément combiné et ponctuellement suivi, qui ont toutes les ressources de la trahison et de la fortune, peuvent aisément faire un coup de main; tandis que nous sommes encore dispersés; tandis que chaque patriote, isolé chaque nuit dans sa maison, peut être aisément égorgé ou enlevé; tandis qu'enfin nous n'offrons, dans ce moment, aucune force réelle de résistance. Messieurs, les Grecs, avec une armée très-inférieure, mirent en déroute celle innombrable des Perses; mais ils se trouvèrent à point nommé aux champs de Marathon; mais ils avoient à leur tête Miltiade, Aristide et Thémistocle.

Je vous l'avoue, si quelque chose m'étonne dans ce moment, c'est de ne pas être réveillé chaque nuit par les transports tumultueux de la fureur, par les cris douloureux de la crainte et du désespoir, en un mot, par les flammes d'un embrâsement universel. Car enfin, qui peut ignorer que le cheval de Troie est déjà dans nos murs, et que les ennemis, que nous croyons bien loin, peuvent à tout moment se présenter à nos portes, puisque nos frontières leur sont notoirement ouvertes, étant en partie dégarnies, et confiées d'ail-

(4)

leurs à des traîtres ? Je parle du corps des officiers
et de ces généraux , ou perfides ou imbécilles , qui
ont déjà sacrifié notre armée par une inaction de
six mois, et qui paroissent eux-mêmes plus portés
à fondre sur Paris avec les émigrés et leurs a'liés ,
que décidés à les combattre.

D'ailleurs , messieurs , toutes les conjectures ,
toutes les nouvelles , toutes les dispositions , tant
extérieures qu'intérieures, nous avertissent assez
hautement que tel est le projet, dont l'exécution
n'est retardée que par l'attente d'une entière réu-
nion de toutes les forces que font marcher contre
nous les puissances de l'Europe. Il est de toute
évidence , pour quiconque du moins sait calculer
les évènemens , qu'à peine les armées combinées
auront formé un cordon autour de la France , qui
tiendra en échec tous les départemens frontières ;
celle du nord , dont les mouvemens sont indubi-
tablement concertés , et avec la cour et avec des
généraux ses créatures ; celle du nord, qui peut-
être sera , sous 15 jours , de 200 mille hommes,
se répandra comme un torrent impétueux que
rien ne peut arrêter. et se dirigera vers la capitale ; tandis qu'à son approche , le roi et les Ra-
mond de l'assemblée nationale , protégés par cette
horde de contre-révolutionnaires dont regorge
le château des Tuilleries , s'enfuiront à Rouen ,
qui est devenu le centre où aboutissent aujour-
d'hui les derniers développemens de cette infer-
nale conspiration.

Cependant qu'avons-nous fait pour prévenir
sérieusement une semblable invasion ? Vous en
reposez-vous sur le camp établi à Soissons ? Mais
apprenez que , constamment trahis , les géné-
reux citoyens qui sont allés dans cette ville in-
fectée d'incivisme , n'y ont trouvé , dit-on , que

du pain empoisonné, moins peut-être pour leur arracher la vie que pour paralyser leur dévouement. Toujours est-il vrai que ces dignes Spartiates manquent absolument de tout, et que quand, à leur arrivée, ils ont demandé des tentes aux officiers municipaux de Soissons, on leur a répondu que le lin pour les faire n'étoit pas encore ensemencé. Vous-mêmes, messieurs, quoique maintenant en état de réquisition, vous croyez-vous en mesure de repousser une attaque soudaine ? Mais vous ignorez donc que votre fausse confiance vous tient, dans ce moment, dénués des objets les plus essentiels à votre défense ; vous ignorez donc quel est l'état de disette de votre arsenal ; qu'il y a à peine aujourd'hui cent milliers de poudre, tant dans les magasins de Paris que dans ceux d'Essonne ; que vous n'avez que 40 boulets de petit calibre ; qu'il ne vous reste pas 5 grosses pièces d'artillerie ; que vous manquez d'affûts et de bombes ; qu'enfin toutes les munitions de guerre sont dans une pénurie égale. Messieurs, je vous le répète, il ne suffit pas d'être éveillés ; encore une fois, il faut pouvoir combattre avec des forces équivalentes. Si les maîtres de l'empirée ont triomphé dans la guerre des géans, ce fut bien moins leur supériorité céleste que les foudres intarissables de Jupiter qui les rendirent invincibles.

La patrie vient d'être déclarée en danger par l'assemblée nationale elle-même. Le moment est donc venu de chasser loin de nous cette sécurité perfide, qui ne permet aux peuples d'écouter la voix de la raison que lorsqu'ils sont parvenus au comble du malheur, et qui fait que toute guerre finit par réaliser les maux qu'on vouloit prévenir. Puisqu'enfin, malgré les cris du patriotisme, l'intrigue nous a plongé dans ce gouffre d'horreur, sachons nous en arracher encore ; sachons nous élever à la hauteur des nobles destinées qui nous attendent ; sachons seconder la valeur des piques par l'imposant appui de l'artillerie ; sachons enfin former ce bataillon célèbre des Fabiens, dont les guerriers étoient tués dans leurs rangs, sans jamais chercher leur salut dans la fuite. Voilà, messieurs, comme vous pourrez soustraire la patrie à des périls imminens, quoiqu'ils paroissent encore trop éloignés à la multitude ; voilà comme vous arracherez l'empire françois à l'asservissement qui le menace ; voilà comme vous préviendrez le pillage de la capitale ; comme, en un mot, vous empêcherez qu'une surprise n'opère, d'un instant à l'autre, le désarmement du peuple ; car, n'en doutez pas, c'est là le coup qu'on veut frapper ; et pour achever de le plonger dans l'abattement et l'effroi, on lui montreroit à son réveil toutes les places publiques hérissées d'échafauds, qui seroient déjà surchargés des plus chaleureux patriotes. Alors, sans doute, toutes les transactions seroient proposables ; alors la tyrannie souilleroit de nouveau la terre que vous avez purifiée ; alors un peuple sans défense, comme sans appui, seroit trop heureux de racheter sa vie en se laissant surcharger de fers. Cette supposition effrayante n'est pas sans exemple. Après la bataille de Rosebéque, sous Charles VI, Paris offrit le spectacle affreux de la vengeance éclatante d'un roi redevenu tout puissant, et usant de son autorité pour faire traîner au supplice les patriotes et pour suspendre sur la tête de tous les citoyens un glaive toujours prêt à les frapper. Sans même fouiller si loin dans l'histoire, rappelez vous la rétrogradation rapide de l'esprit public qui suivit la journée sanglante du Champ-de-Mars ; et après cette terrible leçon, dormez en paix, si vous l'osez.

La plus grande mesure, messieurs, qui ait encore été proposée, la première qu'il soit instant de mettre à exécution ; la seule capable de servir de rempart à la liberté et aux propriétés, est celle dont la section des Lombards a donné l'idée. C'est un camp sous les murs de Paris. Formez-le plutôt ce soir que demain ; et, je vous en réponds, dès ce moment vous devenez invincibles. Un camp réunira non-seulement les forces de la capitale, mais les esprits, mais les volontés ; un camp qui ne recevra son impulsion que du patriotisme et de l'intérêt public, commencera du moins à balancer le jeu de l'intrigue et à déconcerter les combinaisons de la perfidie. Un camp sera une sauve-garde permanente contre toute surprise nocturne. Un camp protégera les opérations de l'assemblée nationale contre la malveillance de la cour. Un camp donnera la force qui paroît manquer au corps législatif, et pour prononcer la déchéance et pour appeler la convention nationale, et enfin pour frapper du glaive de la loi le scélérat Lafayette, que l'impunité enhardit à de plus grands attentats. Ayez une masse de force sous la main de l'assemblée nationale, et le décret d'accusation une fois porté, si le traître refuse de se rendre à Orléans, vous verrez, je vous en réponds, la tête du monstre au bout d'une pique.

Au surplus, messieurs, il faut que toute la nation soit debout ; c'est l'esprit du décret qui a déclaré la patrie en danger. Il n'est plus de citoyen qui ne soit soldat ; cette obligation personnelle vient d'être décrétée dans la séance du

A 4

3o juillet dernier. Il n'est point également d'af-
faire plus importante que celle de défendre, je
ne dirai pas la liberté, mais les propriétés, mais
la vie de tous les citoyens. Car, c'est particuliè-
rement à vous que je m'adresse, vous qui parois-
sez encore aujourd'hui moins tenir à l'intérêt
public qu'à votre avantage particulier; vous qui
penchez peut-être en faveur de l'ancien régime,
parce que celui de l'arbitraire et des déprédations
est le règne de l'opulence et la route des grandes
fortunes; vous dont les palais splendides et les
magasins éclatans d'or et de pierreries offriroient
à l'avidité du soldat ennemi tant de brillantes dé-
pouilles; je vous le demande, pouvez-vous croire
qu'au milieu du cahos et des horreurs du sac
d'une ville, on respectera vos hôtels, vos comp-
toirs, vos ateliers et vos boutiques? Hé! ne se-
roit-ce pas chez vous positivement que la certi-
tude d'un riche butin conduïroit la soif du pillage?
Plus donc vous êtes attachés à vos propriétés et
à votre faste, plus vous desirez conserver vos
meubles précieux, vos bijoux, vos marchandises
et vos caisses. Bourgeois de Paris, devenez citoyens; embrassez comme nous la cause du
peuple; comme nous, ne reconnoissez que des
frères dans ceux qui veulent mourir pour le main-
tien de ses droits; en un mot, apprenez qu'il n'est
de salut pour vous-mêmes que dans la défense de
la patrie; car une grande vérité, c'est qu'il n'est
plus question de soutenir ou des systèmes ou des
partis; mais de soustraire nos femmes et nos
filles à la brutalité du soldat; mais de sauver nos
fils au berceau d'un massacre certain; mais
d'échapper nous-mêmes au glaive meurtrier et
des Prussiens et des houlans. Si donc vous n'êtes
pas patriotes pour le succès de la révolution,

devenez-le du moins pour tout ce que l'on a de plus cher au monde, pour vos épouses, pour vos enfans et pour vous-mêmes.

Ainsi, je demande que tous les citoyens de bonne volonté s'engagent à former un camp dans la partie des Champs-Elisées, qui est du côté de la rivière. Là, chaque section aura sa tente; là, nous nous confondrons avec nos frères d'armes les fédérés; et les citoyens de tous les départemens ne formant plus qu'un corps, resserreront encore davantage les liens qui les unissent, en partageant ensemble les travaux inséparables de la conquête de la liberté; là, nous serons réellement en état de réquisition; là, les piques seront mêlées aux fusils, et les habits de toutes les couleurs attesteront que les amis de l'égalité sont enfin réunis sous le même drapeau; là, on s'exercera tous les jours aux évolutions militaires; et ce campement sera autant une école qu'un corps de réserve toujours prêt à marcher au premier évènement.

Ce camp seroit permanent jusqu'à ce que la révolution fût terminée; mais les citoyens des sections alterneroient pour le fournir d'hommes, qui seroient tenus d'y passer vingt-quatre heures. Ainsi la capitale se distribueroit en sept divisions, pour faire ce service volontaire, chacune à leur tour. Et certes, quand on a pu consentir à se déplacer pendant huit jours consécutifs, pour aller à Saint-Cloud, jouer le rôle méprisable d'un satellite ou d'un courtisan, comment ne feroit-on pas chaque semaine le sacrifice glorieux de vingt-quatre heures pour chasser les tyrans et sauver son pays!

D'ailleurs, si je demande que ce camp soit

dans l'enceinte de Paris, c'est afin qu'il devienne moins incommode de s'y trouver; et puis devant servir d'égide à la capitale, il faut qu'il soit placé de manière à pouvoir la couvrir dans un instant; il faut que toutes les nuits il fournisse quatre postes à l'extérieur et un au centre; il faut que des patrouilles, sans cesse roulantes, portent en tous lieux la surveillance, et entretiennent une correspondance soutenue entre les différens postes : pour tout dire, il faut se considérer comme étant déjà bloqués et investis, et commencer, par prévoyance, une exercice auquel la nécessité vous astreindra tôt ou tard.

C'est, me dira-t-on peut-être, vouloir propager l'esprit militaire qui n'ous a déjà fait tant de mal. Personne, messieurs, ne sent plus que moi les dangers de cette funeste épidémie; mais c'est un malheur qui tient aux circonstances. Entourés, pressés de toutes parts par les phalanges des potentats de l'Europe, si vous ne devenez une nation de héros, comme les Romains, la servitude vous attend, la mort vous menace, et après avoir goûté les jouissances de la liberté, il ne restera plus aux survivans que le désespoir de l'avoir perdue sans retour. Non, des François n'auront pas vainement secoué le joug du despotisme; et si les Cibarites de cette nation courageuse sont incapables d'atteindre l'énergie suffisante, le peuple, qui n'a que ses bras et ses vertus, saura triompher pour la France entière.

Que dans le camp projetté l'on forme un corps de cavalerie, armé de lances. C'est avec ces troupes légères que les Gaulois, vos ayeux, ont subjugué les Francs; eh bien! qu'elles vous servent aujourd'hui à cimenter la liberté dans les Gaules. Mais, où prendre des chevaux? En manque-t-il dans Paris? Vous le savez; au milieu des grands périls, tous les moyens de salut public sont légitimes, et l'on jette à la mer jusqu'aux individus qui surchargent trop le vaisseau prêt à s'engloutir. Les attelages de carrosses et des cabriolets vous fourniront de quoi monter cent escadrons de cavalerie. Assez, et trop long-temps, les chevaux des riches ont écrasé le pauvre; et, pour leur faire expier ce forfait, il faut les employer maintenant à broyer sous leurs pieds les ennemis de la liberté et les reptiles de la révolution.

Pour achever de compléter cette mesure, que les sections de Paris s'adressent à l'assemblée nationale, afin qu'on s'empresse de pourvoir à l'approvisionnement de la capitale en tout genre. Qu'on lui demande que la garde de l'arsenal soit désormais confiée exclusivement au corps si recommandable des braves canoniers, nos meilleurs amis et nos plus précieux défenseurs; que ce soit des commissaires tirés de leur sein qui aient l'inspection immédiate des munitions de guerre, ainsi que le soin de leur distribution, dont le directoire du département vient de s'emparer, avec l'intention, sans doute, de nous livrer plus sûrement aux suppôts de la tyrannie, dont il partage si ouvertement les principes et les projets.

Ce sera, messieurs, quand vous aurez adopté de semblables précautions; quand, à la fin, vous vous serez mis en état de contenir les ennemis de l'intérieur et de battre ceux du dehors, qu'alors vous pourrez faire marcher la révolution. Alors l'assemblé nationale pourra vous ouvrir sûrement la route de la liberté. Eh! de quoi ne sera-t-elle pas capable quand elle se verra

secondée par Hercule lui-même? Tremble, Lafayette, le peuple lève sa massue! Frémissez,
despotes, vos proclamations insultantes, et vos
démarches insidieuses ne vous sauveront pas! La
loi; mais celle-là seule que dictent la raison et la
justice, va reprendre son empire; et l'arrêt de
tous les scélérats, quelle que soit leur éminence,
atteindra leur tête altière, puisqu'une loi plus
forte encore, celle de la majorité souveraine,
sera là pour en assurer l'exécution.

Alors vous ne vous contenterez pas de renver-
ser des idoles, vous les briserez, pour qu'elles
rentrent à jamais dans le néant. Alors la poli-
tique, éclairée par l'expérience, reconnoîtra
sans doute qu'une étendue illimitée du pouvoir
est incompatible avec la liberté. Jean-Jacques,
ce sage moderne, nous en avoit déjà prévenus.
« Quelle que puisse être, a dit ce grand philo-
sophe, la constitution d'un gouvernement, s'il
s'y trouve un seul homme qui ne soit pas soumis
à la loi, tous les autres sont nécessairement à
la discrétion de celui-là ». Et avant quatre années révolues, vous l'avez déjà appris à vos dé-
pens; car n'est-il pas démontré aujourd'hui,
qu'une trop vaste autorité est comme Saturne,
qui, pour se maintenir le maître, eût dévoré jusqu'au dernier de ses enfans? Aussi n'est-il point de
vérité plus essentielle à faire connoître; et c'est
le but d'un ouvrage dans lequel je développerai
incessamment un plan de gouvernement tel que
je le conçois, pour assurer les droits du peuple
et la prospérité de tous.

Mais que sert-il de parler et d'écrire, si la vio-
lence réussit, au premier jour, à étouffer la voix
du patriotisme, et à proscrire les maximes les
plus pures et les plus propres à sceller le bon-

heur de l'univers? O mes amis! le souffrirez-
vous? Je vous en conjure, au nom de l'humanité
et par ce feu ravissant qui m'ambrâsé et qui
m'exalte, ajoutez à trois années de persévérance,
ajoutez encore trois mois de patience et d'énergie, et ç'en est fait des brigands politiques; vous
les aurez tous exterminés! Je vous le rappelle
encore; c'est de vous, de la capitale que la France
attend le signal pour finir, comme elle l'a reçu
pour commencer. Car, n'en doutez pas, si ce
baiser de trahison, prostitué dans l'assemblée nationale, a fait rester dans leurs départemens le
plus grand nombre des fédérés, à peine vous ver-
ront-ils ici un noyau d'armée, qu'avant peu plus
de cent mille hommes viendront se réunir à vous.
Il sera si glorieux d'avoir contribué à défendre
son pays contre tant d'ennemis ligués ensemble!
Semblables à nos frères de Marseille, les vrais
amis de la déclaration des droits ne seront ar-
rêtés ni par l'éloignement ni par la fatigue : c'est
à qui pourra savourer la satisfaction d'porter
le dernier coup à la tyrannie, et de dire, en ren-
trant dans sa patrie : La France est libre et triom-
phante, et c'est mon bras qui l'a vengée!

---

*La société, dans sa séance du 3 août 1792,
l'an 4 de la liberté, a arrêté l'impression de ce
discours, la distribution à ses membres, l'envoi
aux sociétés affiliées et aux 48 sections.*

DULAUNAY, *d'Angers, député, président*; RO-
BESPIERRE, *vice-président*; DESUTIERES; CORCEL;
GIREY DUPRÉ; THURIOT, *député*; BELLEGARDE,
député, secrétaires.

De l'Imprimerie du PATRIOTE FRANÇOIS,
place du Théâtre Italien.